Non-Fictie Titels door Janvier T. Chando

ICONEN EN SCHURKEN: Recente Politieke Moorden die…
GEVALLEN HELDEN: Afrikaanse Leiders Wiens Moorden het...
OEKRAÏNE: De Touwtrekwedstrijd tussen Rusland en het Westen
KAMEROEN: De Achtervolgd Hart van Afrika

Fictie Titles van Janvier Chando

De Usurpator: en Andere Verhalen
Driedubbele Agent, Dubbel Kruis
Discipelen van Fortuin
De Union Muzhik
Het Meisje op de Spoor
Flits van de Zon
Fortuin Roept
Meester van Fortuin
Kinderen van Fortuin
De Norilsk Beren
Mij Vóór Hen
De Grootmoeders en Perfecte Liefde
De Vuur en Ijs Legende
De liefste Waanzin
Het Honger Vuur
De Tinten van Vuur
Vader en Zonen
De Dokter
Donkere Tinten
De Noodlottige Relaties
Het Vonnis van Hades
De rechtszaak van Zijne Majesteit
Ngoko's Dwaasheid
De Usurpator
De Bruidsschat
Ik ben Gehaat
Het Pummel

Aankomende Titels door Janvier Chando

De Witte Valk
De Norilsk Beren
De Thuis Zwervers
De Sterfelijke Vrienden

EEN DOOD IN GENÈVE DIE EEN NATIE ZET IN EEN COMA EN DIE TRAUMATISEERD AFRIKA:

De Moord op Félix-Roland Moumié en de Onvoltooide Bevrijding van Kameroen

Janvier T. Chando

TISI BOOKS

NEW YORK, RALEIGH, LONDEN, AMSTERDAM

GEPUBLICEERD DOOR TISI BOOKS

EEN DOOD IN GENÈVE DIE EEN NATIE ZET IN EEN COMA EN DIE TRAUMATISEERD AFRIKA: De Moord op Félix-Roland Moumié en de Onvoltooide Bevrijding van Kameroen

© 2019 door Janvier Chando

ISBN-13: 978-1-6720-2294-1

ISBN-10: 1-6720-2294-0

GEPUBLICEERD DOOR TISI BOOKS

www.tisibooks.com

NEW YORK, RALEIGH, LONDEN, AMSTERDAM

Gedrukt in de Verenigde Staten van Amerika

Erkenning

Speciale woorden van waardering voor Idris Mbebwo Doh
met wie we de erfenis van Moumie hebben besproken.

Toewijding

Het boek is opgedragen aan alle iconische en legendarische leiders wiens doel was om de mensheid te dienen en het welzijn van de mensdom te bevorderen, vooral degenen die door hun kwaadaardige krachten in deze wereld werden afgebroken in hun historische missies.

EEN DOOD IN GENÈVE DIE EEN NATIE ZET IN EEN COMA EN DIE TRAUMATISEERD AFRIKA:

De Moord op Félix-Roland Moumié en de Onvoltooide Bevrijding van Kameroen

CITATEN

"Als we vechten tot de dood tegen een willekeurige integratie van ons land in het Franse koloniale rijk, dan is dat omdat we de overwinnende verdedigers van het recht van volkeren op zelfbeschikking willen blijven. We zijn dus, in dienst van Kamerun en Afrika ... we zijn de echte ambachtslieden van internationale detente. Als revolutionaire nationalisten vechten we om te realiseren voor de Kamerun en alleen al, een echte nationale "Onafhankelijkheid" met "Eenmaking" als een voorwaarde, gelijktijdig of opeenvolgend, maar nooit uitgesloten. "

Ruben Um Nyobè

"We zijn niet alleen bij deze strijd betrokken omdat we denken dat we dit systeem in de loop van ons leven zullen ontmantelen. We hopen dat Kameroen morgen verandert. Maar als dat niet het geval is, zullen we blij zijn te weten dat we de grond vruchtbaar hebben gemaakt voor de volgende generatie die de rotting in dit land zal beëindigen, en dat de 'NIEUWE CAMEROON' zal vestigen."

Dr. Samuel F. Tchwenko, voormalig UPCista en hoofdideoloog van de historische SDF van 1990-2002

"Een volk dat vastbesloten is om te vechten voor vrijheid en onafhankelijkheid is onoverwinnelijk."
Ruben Um Nyobè

"Kameroen is geen land van slaven dat niemand kan bevrijden."
Janvier Chouteu-Chando

"De vijand is niet degene die naar je kijkt met een zwaard in de hand, dat is de tegenstander. De vijand is degene achter je met een mes achter je."
Thomas Sankara

"... De wereld wordt zo nu en dan gezegend met unieke zielen die, hoewel belast door hun onzichtbare kruisen, nog steeds de buitengewone kracht hebben om verder te gaan in het leven en tegelijkertijd een helpende hand te bieden. Ondanks hun beproevingen denken de meesten van ons dat het goed met ze gaat. Zelfs wanneer het gewicht van hun kruisen ondraaglijk wordt, zelfs als ze op een ademloze manier verdergaan, hebben we nog steeds moeite om te begrijpen dat ze verdrinken. We veroordelen ze zelfs omdat ze niet meer hebben opgeofferd ...'
Janvier Chouteu-Chando, "Disciples of Fortune"

"Politieke onafhankelijkheid heeft geen betekenis als het niet gepaard gaat met snelle economische en sociale ontwikkeling."
Patrice Lumumba

"Het ergste dat het kolonialisme deed, was onze kijk op ons verleden vertroebelen."

Barack Obama

"Totdat de leeuwen hun eigen historici hebben, zal de geschiedenis van de jacht de jager altijd verheerlijken."

Chinua Achebe

"De personages in onze andere levens zijn spoken die de literatuur nieuw leven inblazen."

Olivier Weber

INHOUD

Erkenning	7
Toewijding	9
Citaten	13
Kaarten	19
Invoering	23
Hoofdstuk 1	25
Hoofdstuk 2	28
Hoofdstuk 3	30
Hoofdstuk 4	33
Hoofdstuk 5	39

KAARTEN

Kameroen op een Wereldkaart

Politieke Kaart van Afrika

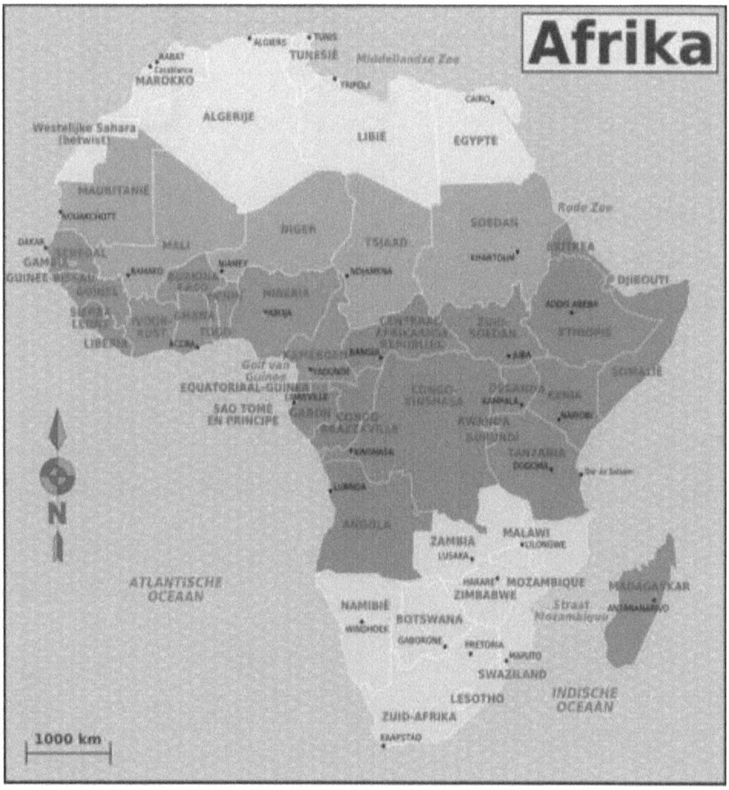

Voor en na de Partitie van Afrika

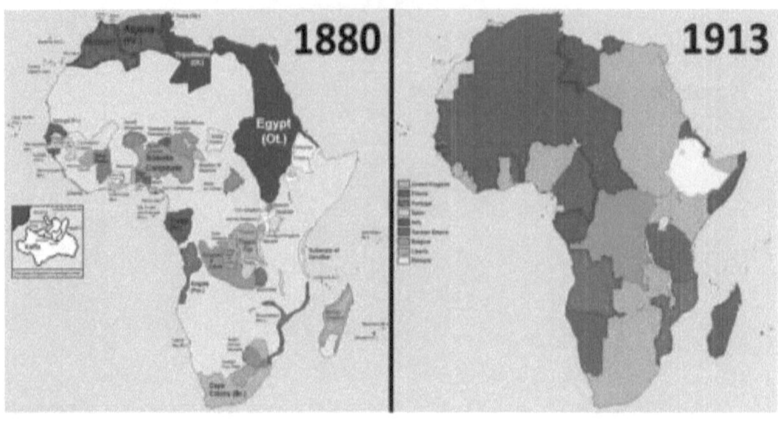

De Natuurlijke Hulpbronnen van de Centraal-Afrikaanse Region

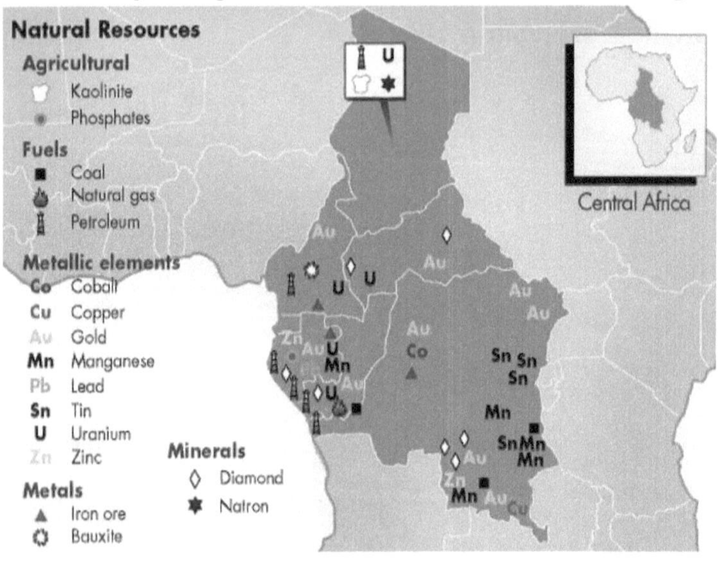

Invoering

In mijn zoektocht naar het antwoord op de vraag waarom bepaalde geopolitieke vlampunten in de wereld bestaan, in mijn nieuwsgierigheid naar de reden (en) waarom sommige landen en de wereld in het algemeen plotselinge en dramatische veranderingen hebben ondergaan die hebben geleid tot oorlog, instabiliteit of een heroriëntatie van hun binnenlands en buitenlands beleid dat niet alleen deze landen trof, maar ook bepaalde regio's of de hele wereld beïnvloedt, heb ik de afgelopen tientallen jaren politieke moorden onderzocht die onze wereld hebben veranderd. Met onze wereld bedoel ik onze gemeenschappen, landen, regio's en de mensheid als geheel.

Bij de behandeling van de verschillende moorden die in de loop van de jaren plaatsvonden, gebruikte ik een benadering die wordt gekenmerkt door politieke sociologie, waarbij ik bondig de historische en sociale factoren analyseerde die niet alleen tot de moorden hebben geleid, maar die ook zijn voortgekomen uit het vermoorden van deze historische figuren. En op basis van deze factoren krijgen we een idee of foto's te zien van hoe de getroffen samenleving is geëvolueerd sinds de traumatische gebeurtenis (sen).

Uit de terugslag die volgden op de moord op historische, legendarische of iconische figuren, kunnen we iets nuttigs leren en scenario's bedenken of wat we als calamiteiten kunnen verwachten als bepaalde leiders worden vermoord, en dus dienovereenkomstig handelen in het voorkomen van hun moorden.

Hoofdstuk Een

Félix-Roland Moumié

Félix Moumié

UPC-leiders (links naar rechts) voorste rij: Castor Osendé Afana, Abel Kingué, Ruben Um Nyobé, Félix Moumie en Ernest Ouandié

Geboren in 1926, Félix-Roland Moumié was een anti-kolonialistische Kameroenese leider en een pan-Afrikanist. Zijn moord in Genève op 3 November 1960 door William Bechtel van de SDECE (de Franse geheime dienst) met thallium wordt beschouwd als de meest brutale misdaad gepleegd door de Franse geheime dienst in het buitenland, en misschien wel de grootste enkele klap Kameroenese burger-nationalisten geleden in hun strijd voor de bevrijding van het land van Franse neokoloniale controle.

Dr. Felix-Roland Moumié was het hoofd van de Unie van de Volkeren van Kameroen (UPC—*Union des Populations du Cameroun*, ook wel *Union du Peuple Camerounais,* of *"Union of the Populations of the Cameroons"* in het Engels) van 1958-1960. De UPC was de eerste historische politieke partij die voortkwam uit de gebieden van de voormalige Duitse kolonie Kamerun. Opgericht in 1948, opereerde de UPC in zowel Franse Kameroen als Britse Kameroen — dat waren Vertrouw op

Territoria van de Verenigde Naties die voortkwamen uit de voormalige Duitse Kamerun van 1884-1916 na de verdeling tussen Groot-Brittannië en Frankrijk zoals overeengekomen in het Verdrag van Versailles van 28 Juni 1919, de belangrijkste vredesverdragen die de Eerste Wereldoorlog hebben afgesloten, door het einde van de oorlog tussen Duitsland en de geallieerde mogendheden te formaliseren. Het primaire doel van de partij was de hereniging en onafhankelijkheid van Britse Kameroen en Franse Kameroen — Verenigde Naties Vertrouwensgebieden die de opvolgers waren van de mandaten van de Volkenbond, en die ontstond toen de Volkenbond in 1946 ophield te bestaan en deze te vervangen door de Organisatie van de Verenigde Naties.

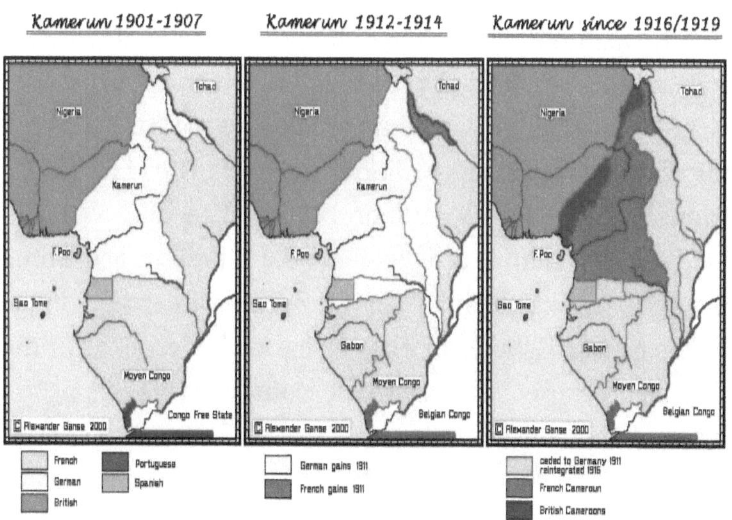

Hoofdstuk Twee

De Franse voogdij-administratie verbood de UPC in 1955 en beschuldigde het van het veroorzaken van burgerlijke onrust, waardoor de partij in ballingschap gedwongen werd in de zomer van 1955. De UPC dook echter op in 1956 en daagde Frankrijk uit via de internationale media. De Britse koloniale autoriteiten verbood ook de UPC in Britse Kameroen in 1958, waardoor het grootste deel van zijn leiderschap werd gedwongen dat Frans Kameroen ontsnapte en toevlucht zocht in Britse Kameroen, om te vluchten naar Egypte, Ghana, China en andere landen die de Kameroenese zaak steunden voor zijn hereniging en onafhankelijkheid.

Ruben Um Nyobé, de leider en secretaris-generaal van de partij; Ernest Ouandié en Abel Kingué, de twee vice-presidenten van de partij; en Felix Moumié beloofde door te gaan met de strijd voor de hereniging en onafhankelijkheid van Franse Kameroen en Britse

Kameroen, ondanks de vastberadenheid van Frankrijk om de volkeren van de voormalige Duitse Kameroen te verdelen en te regeren. De UPC had tenslotte de steun van de meeste mensen in Frans Kameroen en haar takken en zusterpartijen in Britse Kameroenen hadden daar de steun van het electoraat. In feite steunde meer dan 80% van de opgeleide Kameroeners de partij en de oorzaak ervan voor de hereniging en onafhankelijkheid van de landen van de voormalige Duitse Kameroen.

De UPC leed echter zijn eerste grote trauma ongeveer drie jaar na het verbod, op een moment dat sommige experts begonnen te denken dat Frankrijk de partij opnieuw zou laten opereren als een juridische politieke entiteit. De veiligheidstroepen van de Franse administratie van het Trustschap vermoordden de eerste historische leider van de UPC Ruben Um Nyobé op 13 September 1958, nabij zijn geboortedorp Boumnyebel in Bassaland.

Hoofdstuk Drie

Als gevolg van de moord op Um Nyobe werd zijn opvolger, Dr. Felix-Roland Moumié, werd gedwongen te opereren vanuit ballingschap, hoewel de UPC de enige politieke partij in Frans Kameroen was die de overweldigende steun van Franse Kameroeners genoot, en zelfs hoewel het ook de enige politieke partij in dat deel van de voormalige Duitse Kamerun was die een soortgelijk programma deelde met zusterpartijen of uitlopers in Britse Kameroen. Onverschrokken betwistte hij het hardhandig optreden van Frankrijk op de UPC op een meer vastberaden manier, zodat UPC-partizanen de controle hadden over het platteland van de zuidelijke helft van Frans Kameroen voordat Frankrijk de politieke controle of soevereiniteit van Frans Kameroen overhandigde aan zijn marionet Ahmadou Ahidjo, door het land onafhankelijk te verklaren op 1 Januari 1960, en sloot tegelijkertijd een reeks sociaaleconomische, politieke en militaire overeenkomsten met de jonge staat die er in feite een achtertuin van Frankrijk van maakten.

Door sommigen beschouwd als de "Afrikaanse Che Guevara in de Maak", was Félix Moumié een scherpzinnige leider en een geweldige organisator die vóór zijn dood die zomer van 1960 had ontmoet met Ernesto Che Guevara, de Argentijnse internationale revolutionair en tweede in - commando in de nieuwe anti-Amerikaanse en anti-westerse regering van Cuba van Fidel Castro. Naast die ontwikkeling had de Kameroense partijdige leider met succes een speciaal rapport ontwikkeld met de oorlogszuchtige Egyptische president Gamal Abdel Nasser, de pan-Afrikaanistische president van Kwame Nkrumah, de niet-aflatende Patrice Lumumba van Congo-Kinshasa (het voormalige Belgische Congo), en het koppige nationalistische Guinese staatshoofd Sékou Touré die Frankrijk tartte en Guinee uit de neokoloniale klauwen van zijn voormalige koloniale meester trok.

Veel experts denken dat Frankrijk en zijn Koude Oorlog-bondgenoten bang waren voor de drive van de nieuwe UPC-leider om sterke relaties te smeden met enkele van de andere leiders in het communistische blok die hoopten Afrika ooit te zien opkomen als een economisch verenigd en politiek geïntegreerd continent. Het feit dat die leiders beloofden hun steun aan de UPC-partijdige groep, nu geleid door Moumie, te vergroten, maakte Frankrijk en Ahmadou Ahidjo buitengewoon nerveus.

De verbannen tweede leider van de Kameroenese burger-nationalistische beweging was op een missie naar

Europa in Oktober 1960, toen William Bechtel hem uitnodigde voor een diner in een hotel in Genève, Zwitserland, die zich voordeed als journalist. In feite was hij lid van de *"Main Rouge"* een uitloper van een speciale eenheid in de Franse geheime dienst die belast was met het elimineren van anti-Franse en pro-onafhankelijkheid Afrikaanse nationalisten en hun aanhangers in Europa.

Afgeleid door een oproep aan de telefoon door een restaurantpersoneel liet Moumié zijn onafgemaakte drank achter die Bechtel besmette door er een dodelijke dosis thallium in te gieten. Maar Moumié dronk het niet bij zijn terugkeer. Dus zorgde Bechtel voor een nieuwe afleiding, waarin hij nog een dosis thallium in Moumié's wijn goot. Moumié dronk beide drankjes op en stierf in een ziekenhuis in Genève op 3 November 1960, dagen voor zijn terugkeer naar Guinee, en veel eerder dan zijn moordenaars hadden gepland. Het feit dat de Kameroenese bevrijdingsleider een overdosis van het gif nam, dwarsboomde de samenzwering die Frankrijk had uitgebroed om de dood van Felix Moumié te wijten aan de Guinese president Sekou Touré, die tijdens zijn ballingschap in de Guinese hoofdstad Conakry als gastheer van de UPC-leider had gehandeld.

Hoofdstuk Fier

De moord op Félix Moumié zou drie maanden later worden gevolgd door de vreselijke moord op Patrice Lumumba uit het voormalige Belgisch Congo. De dood van deze twee Afrikaanse burger-nationalisten met een pan-Afrikanistische visie zou worden gevolgd door een bloedige onderdrukking van het volksverzet tegen de neokoloniale regimes in hun respectieve landen.

Met de executie van Félix Moumié's opvolger Ernest Ouandie in Januari 1971 zou het neokoloniale tegenoffensief tegen de anti-kolonialistische bewegingen in het hart van Afrika voorbij zijn, wat de overwinning voor de neokoloniale krachten zou betekenen. Deze nieuwe realiteit zou rampzalige gevolgen hebben, niet alleen in de Centraal-Afrikaanse regio, maar in heel Afrika. De Franstalige landen van Afrika bezuiden de Sahara hebben zich niet meer verzet tegen het Franse neokolonialisme sinds de nederlaag van het Kameroense burgernationalisme en de Franse oplegging van een maffia-achtig systeem van controle over zijn voormalige koloniën dat gebruik maakt van Franse poppen die zijn niet verantwoording verschuldigd zijn aan hun volk.

Partitie Kaart van Afrika

Huidige kaart van Afrika met oude koloniale Grenzen

☐	Belgisch	☐	Italiaans
☐	Brits	■	Portugees
☐	Frans	☐	Spaans
☐	Duits	☐	Onafhankelijke landen

De dood van Félix Moumié, het behoud van het Franse verbod op de UPC, de uitwijzing van de UPC uit Britse Kameroenen in 1958 en de terugkeer aan de macht in Frankrijk van de Franse legende en neokolonialist-generaal Charles De Gaulle maakten de verwezenlijking van de

Kameroense droom van hereniging, onafhankelijkheid en ontwikkeling lijken onmogelijk. Echter, zijtak van de UPC in Britse Kameroen en de Kameroenese burger-nationalisten in Britse Zuid-Kameroen realiseerden echter de herenigingsdroom door de campagne te verdedigen in het door de Verenigde Naties gesponsorde referendum voor de stemming om Britse Zuid-Kameroen te herenigen met de eenjarige Republiek van Cameroun, de voormalige Franse Cameroun die op 1 Januari 1960 onafhankelijk werd onder de anti-UPC-regering van de Franse marionet Ahmadou Ahidjo.

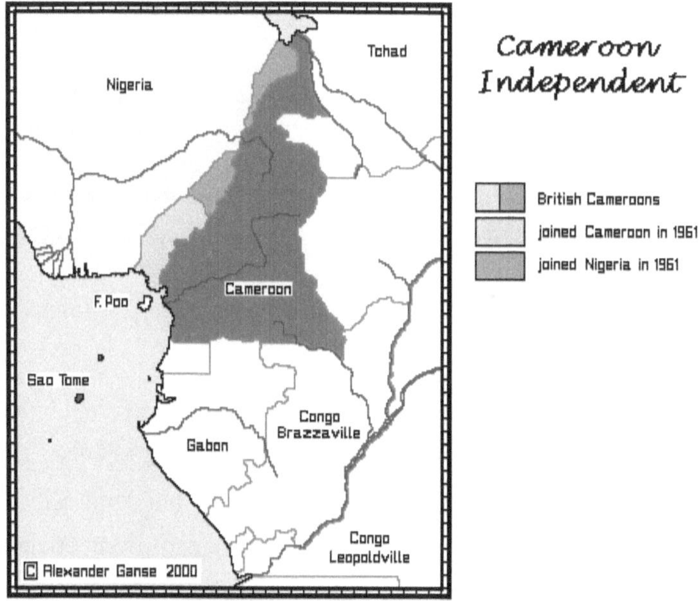

British Cameroons = Britse Kameroen
Joined Cameroun in 1961 = Lid geworden van de Republiek Kameroen—voormalig Kameroen Frans — in 1961 (Hereniging)
Joined Nigeria in 1961 = Toetreding tot Nigeria in 1961

11-12 Februari 1961 Britse Kameroenen Plebisciet
Hoofdpunten: Kiezers werd gevraagd of ze zich wilden verenigen met Nigeria of Kameroen wanneer onafhankelijkheid aan de twee regio's wordt verleend.

Britse Noordelijke Kameroen
Geregistreerde kiezers 292,985
Totaal aantal stemmen Niet Beschikbaar (NVT)
(stemopkomst)
Ongeldige/blanco   Niet Beschikbaar
stemmen
Totaal geldige   243,955
stemmen
Britse Zuidelijke Kameroen
Geregistreerde kiezers 349,652
Totaal aantal stemmen Niet Beschikbaar (NVT)
(stemopkomst)
Ongeldige/blanco   Niet Beschikbaar
stemmen
Totaal geldige stemmen 331,312

Resultaten	Noordelijke Kameroen		Zuidelijke Kameroen	
	Aantal stemmen	% stemmen	Aantal stemmen	% stemmen
Unie met de Federatie van Nigeria	146,296	59.97%	97,741	29.50%
Unie met de Republiek Kameroen	97,659	40.03%	233,571	70.50%

In feite, hoewel minderwaardig bewapend, leidde de UPC een effectieve guerrillacampagne die eind 1959 de volledige Franse controle in het zuiden van het land alleen tot de steden en grote steden, waardoor de dorpen en het platteland onder de controle van de UPC. En aangezien de VN-trustovereenkomst een maximum stelde aan het aantal troepen dat het Franse leger op het grondgebied zou kunnen hebben, besloot Frankrijk de toekenning van onafhankelijkheid aan Frans Kameroen te versnellen. Frankrijk verleende echter op 1 Januari 1960 onafhankelijkheid aan Frans Kameroen onder zijn marionet Ahmadou Ahidjo, en dwong tegelijkertijd Ahidjo om een geheim pact met Frankrijk te ondertekenen, een overeenkomst met economische, politieke en militaire componenten die Frankrijk onder meer toestonden om het aantal Franse troepen te vermenigvuldigen in het voormalige Franse Kameroen, daarna de Republiek Kameroen genoemd. Het Franse leger zou zijn aanwezigheid in het land versterken door het aantal soldaten en hardware daar te vergroten, en door de werving en training van een Frans geleid Kameroenezen leger te versnellen. Deze Frans-Kameroenese legers zouden de opstandelingen in zijn grote bolwerken in het Bassa-land in 1960 en in het Bamileke-land van 1962-1964 verslaan, door zware verliezen toe te brengen aan de UPC en de burgerbevolking door hun willekeurige bombardementen op zowel de guerrilla kampen en de civiele gemeenschappen, een verschroeid-aardebeleid per se dat sommige historici en verschillende experts overwegen een door Frankrijk geleide genocide tegen bepaalde troepen en bevolkingsgroepen van gebieden van Kameroen die tegen de neokolonialistische plannen van Frankrijk voor het Afrikaanse land waren.

De UPC besefte in 1965 dat het niet langer het gewapende conflict kon winnen tegen het Franse leger en het Kameroense leger dat Frankrijk creëerde voor het marionet Ahmadou Ahidjo-regime. Voorkomen inspanningen om vrede te bereiken door vredesbesprekingen zouden Felix

Moumié's opvolger Ernest Ouandie uit de bush lokken, wat leidde tot zijn overgave/gevangenneming en vervolgens executie in Januari 1971, waardoor de gewapende strijd van de UPC tegen Frankrijk voor de hereniging, onafhankelijkheid en vrijheid van het grondgebied van de voormalige Duitse Kamerun, een conflict dat resulteerde in de dood van meer dan een half miljoen Kameroenese. Dat conflict belichaamt een strijd die sommige experts beschouwen als 'Onvoltooide bevrijding van Kameroen', omdat de mensen die vochten en campagne voerden voor de hereniging en onafhankelijkheid van Kameroen, en zelfs hun erfgenamen, sindsdien de macht niet hebben gewonnen en het land hebben bestuurd.

Hoofdstuk Vijf

Kameroeners uit het Engelstalige deel van het herenigde Kameroen realiseerden zich al snel dat ze waren bedrogen en onderworpen door Frankrijk en haar marionet, net als de verslagen en ingetogen bevolking van het Franstalige deel van het land, en dat ook zij nu onder het verstikkend juk van een systeem opgelegd door Frankrijk en beheerd door de dictatuur van de Franse marionet Ahmadou Ahidjo. Paul Biya, een andere Franse marionet en de opvolger van Ahmadou Ahidjo, als gevolg van orders uit Frankrijk, is sinds 1982 aan de macht en heeft de verstikking van Kameroen nog verder verergerd. Bijna zestig jaar later staat Kameroen nog steeds onder controle van de anti-UPC-krachten dat Frankrijk aan de macht bracht — dit zijn de Kameroeners die geen rol hebben gespeeld, hetzij als

gematigde of als radicalen, in de nationalistische strijd voor
hereniging en onafhankelijkheid van het land. In feite heeft
Frankrijk zijn poppen geholpen bij het opzetten van een
politiestaat om hun heerschappij op te leggen, wat verklaart
waarom Kameroen nooit heerschappij heeft ervaren onder
een staatshoofd dat de keuze van het volk is of was.

De maffia gaat verder. Het land dat de gedurfde geest
van Afrika belichaamt, bevindt zich nog steeds in de greep
van de krachten die tegen zijn streven naar bevrijding,
ontwikkeling en partnerschap met andere progressieve
krachten van de wereld waren.

De moorden op Ruben Um Nyobé, Félix Moumié, Patrice
Lumumba, Castor Osendé Afana, Ernest Ouandie en
tienduizenden Congolese en Kameroense burger-nationalisten
was immers een succesvolle campagne door neokoloniale
machten om de echte onafhankelijke ontwikkeling van Afrika
te vernietigen, omdat de nederlaag van de antikoloniale
bewegingen in deze landen verzwakte de pan-Afrikanistische
drang om een Afrikaanse economische unie te creëren en het
continent politiek te integreren. Ondanks alle aanwijzingen of
tegengestelde verwachtingen, zou het Kameroen van
Nyobe/Moumié/Ouandie dat nooit werd gerealiseerd, en het
Congo van Lumumba dat niet zou zijn, in het geografische,
economische en politieke centrum van de Afrikaanse Unie
zijn geweest dat is nog steeds de visie van veel
vooruitstrevende Afrikanen die hopen dat het continent een
plaats van respect voor zichzelf veiligstelt in de groeiende
multipolaire wereld.

Vandaag ontbreekt de sarcofaag van Félix Moumié nog
steeds in wat zijn rustplaats was op de begraafplaats in
Conakry, Guinee. Albert Kingue is nog steeds begraven in

Caïro, Egypte. Ruben Um Nyobé, Ernest Ouandie, Castor Osendé Afana en de andere leiders van de UPC vermoord door de Franco-Ahidjo-strijdkrachten worden nauwelijks erkend, laat staan geëerd in de annalen van de Kameroense geschiedenis, hoewel hun namen straten en infrastructuren sieren in andere landen van Afrika en de wereld.

Zes decennia later zien de Kameroeners die opstaan om de maffia-staat uit te dagen, nog steeds Felix-Roland Moumié en de andere historische burger-nationalistische leiders die werden gedood, verbannen of ondermijnd door Frankrijk en de poppen die het aan Kameroen oplegde, als de krachten om na te emuleren in hun streven om het systeem dat Frankrijk het Kameroenese volk heeft opgelegd te ontmantelen tegen hun belangen en tegen hun welzijn. Het systeem en het autoritaire politieke establishment wordt vandaag geleid door Paul Biya, een marionet die door Frankrijk wordt opgelegd aan de bevolking van Kameroen. De tweede Kameroenese president is zevenenveertig jaar aan de macht (zevenendertig jaar als president of staatshoofd, en tien jaar als premier van het enige land in Afrika waar zijn staatshoofd nooit de keuze van de mensen, maar eerder een oplegging door neokolonialisten).

Politieke Kaart van Afrika

Madeira
Tenerife
Marokko
Gran Canaria
West Sahara
Algerije
Tunesië
Libië
Egypte
Midden Oosten
Mauretanië
Mali
Niger
Tsjaad
Eritrea
Djibouti
Burkina Faso
Sudan
Nigeria
Centr. Rep. Afrika
Ethiopië
Kameroen
Oeganda
Somalië
Equatoriaal Guinea
Gabon
Congo
Rwanda
Kenia
Zaïre
Burundi
Tanzania
Angola
Zambia
Malawi
Zimbabwe
Mozam-bique
Namibië
Botswana
Madagascar
Swaziland
Zuid Afrika
Lesotho
Senegal
Gambia
Be-nin
Guinee
Ghana
Guinee Bissau
Sierra Leone
Ivoor-kust
Liberia
Togo

Democratie-index Kaart van Afrika

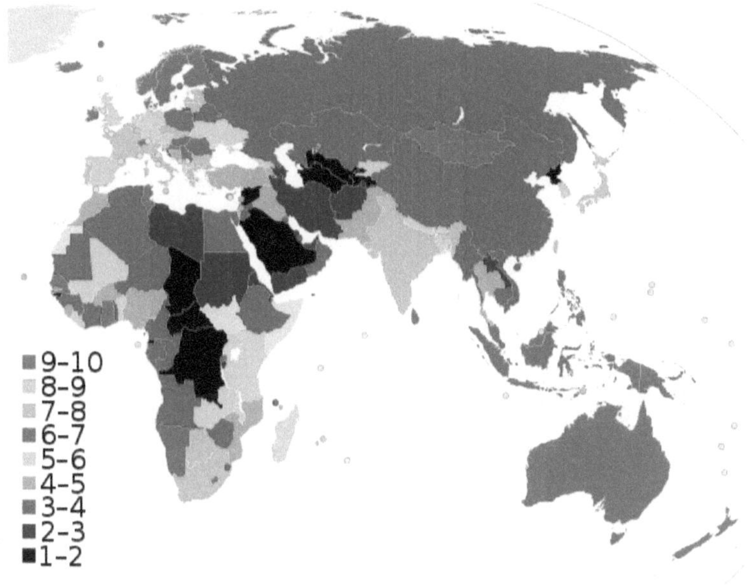

www.ingramcontent.com/pod-product-compliance
Lightning Source LLC
Chambersburg PA
CBHW031915270726
48655CB00003BA/1229